Dr NIEPCE (Jean)

Médecin consultant à Allevard-les-Bains

ALLEVARD

(Isère)

(Revue Générale)

PARIS

EDITIONS DE LA "GAZETTE DES EAUX"

3, Rue Humboldt, 3

1913

Dr NIEPCE (Jean)

Médecin consultant à Allevard-les-Bains

ALLEVARD

(Isère)

(Revue Générale)

PARIS

EDITIONS DE LA "GAZETTE DES EAUX"

3, Rue Humboldt, 3

—

1913

BUSTE DU DOCTEUR B. NIEPCE

Créateur des Salles d'Inhalation

Érigé sur la façade de l'Établissement thermal

Allevard (Isère)

(Revue générale)

Par le Docteur NIEPCE (Jean)

Médecin consultant à Allevard-les-Bains

Situation et Climat

Allevard est un chel-lieu de canton du département de l'Isère, situé sur les confins du département de la Savoie, à 35 kilomètres Sud-Est de Chambéry.

D'une altitude de 465 mètres, il peut entrer dans la catégorie des stations thermales dites de climat de demi-montagne, et cette altitude modérée le met à l'abri des variations brusques de température, dangereuses pour certains malades. En raison de la ceinture de montagnes qui entourent la vallée d'Allevard, dont les sommets s'élèvent à 3.000 mètres, le pays est à l'abri des vents et présente un climat très doux.

Source

Il n'existe qu'une source à 16°, captée en 1840, dont le débit est d'environ 130.000 litres par 24 heures. Elle naît au sein de masses triasiques, qu'elle traverse, pour passer dans les calcaires noirs du lias, riches en matières bitumineuses, où se fait la réduction de ses sulfates et se constitue sa minéralisation.

Caractères physiques et chimiques

L'eau d'Allevard est froide (16°), gazeuse, en raison de l'hydrogène sulfuré et de l'acide carbonique qu'elle contient. Ce dernier, par la multitude de ses bulles, lui donne une teinte opaline, mais, une fois échappé,

l'eau redevient transparente et laisse déposer un préci-
pité de soufre très divisé. Elle présente une odeur
d'œufs pourris, due à l'acide sulfhydrique, et elle a
une saveur piquante, due à l'acide carbonique. Acide
à la sortie du griffon, si on laisse évaporer les gaz, elle
devient assez rapidement alcaline.

ALLEVARD. — Vue Générale.

Voici les principaux éléments de sa composition par
litre :

H_2S libre	o gr. o376 ou 24 cc. 75	
CO_2 libre	o gr. o635 ou 97 cc.	
Az		41 cc.
NaCl	o gr. 5434	
Sulfate de sodium	o gr. 4138	
Carbonate de calcium	o gr. 2944	
Silice	o gr. 0288	
Arsenic	traces	

Elle est, en résumé : froide et gazeuse, sulfhydriquée, chlorurée, sodique et calcique.

Installations thermales

Elles se composent d'un premier corps de bâtiment, reconstruit en 1912 sur le griffon même de la source, comprenant une buvette et deux grandes salles de gargarismes. L'établissement thermal proprement dit, situé à 300 mètres de la source, a été reconstruit en 1895 et occupe une superficie de 5.000 mètres carrés. Superbe monument de plus de 100 mètres de longueur, composé d'une grande galerie vitrée, donnant accès dans tous les services, à laquelle se joint un grand hall, salon d'attente et de lecture.

Tous les services ont une hauteur de six mètres de plafonds, sol mosaïqué, murs uniformément recouverts d'enduits à l'huile parfaitement lavables. L'établissement possède 40 cabines de bains, service de douches ascendantes, 6 salles de douches générales, 4 salles d'inhalations de vapeurs, dites inhalations chaudes, avec salon de transition, 7 salles d'inhalations gazeuses, dites froides, d'une capacité de 200 mètres cubes chacune, 30 cabines pour pédiluves à eau courante et à température progressivement variable, 2 salles de bains Berthe, une buvette, deux services de gargarismes, 2 salles de douches de gorge en jet, 2 salles de pulvérisation.

Mode d'emploi

La médication d'Allevard présente deux modes : le premier est la boisson ; le second consiste surtout dans l'inhalation, sans préjudice des autres moyens thérapeutiques, accessoires cependant.

1° TRAITEMENT INTERNE EN BOISSON. — Prise deux fois par jour, le matin à jeun et le soir vers les quatre heures, à la dose variable du quart de verre au verre entier. Suivant le mode d'action que l'on veut obtenir, on l'ordonne soit à la buvette située sur le griffon même de la source, soit à celle de l'Etablissement thermal. A cette dernière, elle est légèrement moins active qu'à la source même et l'on possède ainsi deux moyens gradués de prescription.

2º TRAITEMENT EXTERNE. — Il consiste surtout dans l'inhalation, qui est en quelque sorte la spécialisation de la cure d'Allevard, sans préjudice de tous les autres moyens que nous citerons à la suite :

a) *Inhalations*. — Médication spéciale à Allevard, inventée par le Dr B. Niepce, en 1852.

Elles sont de deux sortes : la froide, qui est à la température originelle de l'eau, c'est-à-dire à 16°, et la chaude qui est à la température de 28° à 30°.

Salle d'Inhalation.

L'inhalation froide est caractérisée par un jet d'eau qui va se briser sur le centre d'une vasque à concavité regardant vers le bas. Là, l'eau est réduite en fine poussière, pulvérisée pour ainsi dire, et dégage ainsi son hydrogène sulfuré. Puis elle retombe des bords de la vasque, en gouttelettes sur une série de plateaux superposés et se débordant les uns les autres, de façon à multiplier la surface de dégagement des gaz. Analysée dans le tuyau de vidange, elle ne contient plus qu'un centicube d'H^2S par litre, alors qu'à son arrivée elle contenait 24 centicubes du même gaz. Les malades font six séances par jour, d'une durée de 3 à 20 minutes chacune. Les malades y assistent en tenue de ville.

L'air de ces salles est fréquemment et régulièrement renouvelé par une aération complète.

L'inhalation chaude repose sur le même principe. Les gaz s'y dégagent par le même procédé qu'à l'inhalation froide, mais ici ils sont mélangés à une atmosphère composée du mélange de l'air atmosphérique et de vapeurs d'eau sulfureuse artificiellement chauffée, qui s'échappe d'un plancher à claire-voie. Les malades séjournent ainsi dans un épais brouillard durant 20 à 60 minutes. Pour cette médication, ils revêtent un peignoir pour tout costume et se chaussent de sandales.

b) *Pulvérisation* (appareil de Seagle). — Chaude, de 8 à 12 minutes, une à deux fois par jour.

c) *Douches de gorge en jet.* — Jet d'eau tiède horizontal que l'on dirige à son gré sur le pharynx et les amygdales.

d) *Douches de Weber.* — Très discréditées depuis quelques années. Prescrites exclusivement sur l'avis du médecin traitant et administrées avec prudence, elles n'ont jamais donné lieu à des observations fâcheuses, ni à des complications du côté des sinus ou des trompes.

e) *Douches générales.* — On les prescrit beaucoup à Allevard, à titre de révulsif (37 à 40°), immédiatement après l'inhalation chaude, avec ou sans sudation, et donnent ainsi d'excellents résultats chez les emphysémateux, particulièrement. Elles sont données, d'autre part. sous les différentes formes classiques : écossaise, alternative, locale, accompagnées de massage sous l'eau, etc...

g) *Bains.* — Sulfureux purs ou mitigés, à température variable.

h) *Pédiluves et manuluves.* — Révulsifs très employés après les séances d'inhalation froide ou les pulvérisations, chez les malades facilement congestifs (très courts et très chauds : 48° à 50°, pendant 2 à 3 minutes).

i) *Bains de nez.* — Prescrits avec prudence, soit par

le procédé de la cuillère à café, soit même par la simple aspiration que certains malades exécutent avec beaucoup d'habileté ; ils n'ont jamais donné lieu à une complication quelconque.

j) *Gargarismes*. — Tièdes, répétés jusqu'à 6 fois par jour, à raison de deux verrées chaque fois ; prescrits aussi sous forme de bains de gorge silencieux.

k) *Bains Berthe*. — Suivis ou non de massage et effleurage à sec ou sous l'eau, au cours de la douche locale ou générale.

Action physiologique

L'eau d'Allevard, prise en boisson, augmente l'appétit, diminue les acidités gastrique et urinaire, augmente sensiblement la diurèse et constipe légèrement.

D'après les nombreuses expériences du Dr Niepce (Alexandre), elle augmente le coefficient d'oxydation organique et relève la nutrition.

Elle est donc stimulante. A elle seule, la boisson calme la toux et diminue l'expectoration ; cette action se manifeste bien davantage si on lui adjoint l'inhalation. Les malades soumis à l'inhalation présentent, dès leur entrée dans la salle, des phénomènes qui contribuent à une sédation générale ; le nombre des pulsations, celui de leurs mouvements respiratoires, s'abaissent tous deux ; ils ont l'impression d'une douce et agréable chaleur qui envahit leur thorax et qui calme leur oppression. L'expectoration, qui au début du traitement paraît augmenter, diminue sensiblement peu après, pour s'atténuer très notablement à la fin de la cure, quelquefois complètement.

A l'action stimulante du commencement, due au relèvement de la vitalité des muqueuses bronchiques, succède une action sédative terminale.

Cette sédation est générale et locale à la fois ; la stimulation du début ne doit point être confondue avec de l'excitation ou de la congestion ; l'eau d'Allevard est doucement stimulante et non congestive.

Indications thérapeutiques

Indications générales. — L'indication générale, c'est l'arthritisme dans ses manifestations respiratoires et dans les sécrétions des muqueuses de cet appareil.

Les manifestations ganglionnaires, chez les enfants, y trouvent un agent thérapeutique de tout premier ordre.

Les accidents syphilitiques sont justiciables du traitement sulfureux qui, favorisant l'élimination du mercure, en facilite l'administration et la tolérance.

L'arsenicisme, le saturnisme sont améliorés aussi par l'usage du traitement d'Allevard.

L'âge y a ses indications lui aussi ; l'eau d'Allevard réussit admirablement aux enfants.

J. Simon disait : « L'inflammation et le catarrhe des voies respiratoires chez les enfants même nerveux, aussi bien que chez les adultes irritables, sont très efficacement amendés et assez souvent guéris par le traitement spécial des eaux d'Allevard. Il en résulte une détente locale et générale que je ne saurais trop mettre en relief. »

Le Dʳ Carron de la Carrière, dans un article publié dans le « Journal des Praticiens » et consacré à Allevard, s'exprime ainsi :

« Grâce à une action calmante, sédative, Allevard permet de faire bénéficier d'une cure sulfureuse puissante, toute une catégorie d'enfants qui redouteraient une trop grande excitation à d'autres eaux sulfureuses, tous les nerveux, excitables, facilement congestifs, hystériques même, atteints de l'une des affections des voies respiratoires. Allevard est une des stations où l'on peut envoyer avec succès les malades irritables qui ont, le soir, un léger mouvement fébrile. Pour Allevard, nous désirons faire ressortir, d'une façon toute particulière, ses merveilleuses propriétés, qui lui sont bien spéciales, d'EAU SULFUREUSE MODIFICATRICE ET CALMANTE, tout à la fois dans toutes les affections des voies respiratoires. »

D'autre part, M. le Professeur Landouzy, a pu dire que l'eau d'Allevard, grâce à son hydrogène sulfuré, DÉTIENT LE RECORD PARMI LES EAUX SULFUREUSES DU MONDE. Dans une de ses conférences, faite à Allevard, au cours du V. E. M., il a dit que la spécialisation d'Allevard est la spécialisation respiratoire.

« Il n'est pas à dire qu'à Allevard on ne puisse faire « que ce que j'indique, mais je veux dire que la spé-

« cialisation principale d'Allevard est la spécialisation
« fonctionnelle respiratoire. Parmi les justiciables
« d'Allevard, nous pouvons mettre tous les individus
« qui ont des troubles dans les organes fonctionnels
« occupant le sommet des voies respiratoires, c'est-à-
« dire l'appareil nasal, l'appareil pharyngien.

« Sont également justiciables d'Allevard les indivi-
« dus atteints de bronchite chronique, de catarrhe,
« qu'il s'agisse de catarrhe sec ou de catarrhe sécré-
« tant. J'insiste sur les individus atteints de catarrhe
« sécrétant, de bronchites catarrhales, parce que ceux-ci
« sont aussi bien justiciables d'Allevard que ceux qui
« ont simplement de l'excitation des voies respira-
« toires.

« Sont justiciables d'Allevard les individus qui ont
« des suppurations localisées dans l'appareil respira-
« toire, qui ont eu des vomiques, des germinations qui
« ont laissé des catarrhes bronchiques persistants
« localisés. Allevard est une arme de première force
« que nous pouvons opposer aux catarrhes secondaires
« et aux poussées congestives ; c'est une station de
« première importance dont malheureusement trop de
« malades auront besoin. »

Indications spéciales

Bronches et poumons. — Trachéite chronique, sus-
ceptibilité bronchique, bronchite chronique, bronchite
à répétition, catarrhes bronchiques secs secondaires,
catarrhe bronchique et emphysème, bronchite sèche,
asthme, suites de rougeole, de coqueluche, de grippe,
toux chronique de l'adénopathie trachéo-bronchique,
accidents pulmonaires de la syphilis, pleurésie mal
résolue suivie ou non de vomique, pneumonie ayant
laissé de l'induration, imminence de bacillose.

Pharynx et gorge. — Pharyngites chroniques, hyper-
trophie des amygdales, suites de diphtérie, pharyngite
granuleuse, végétations adénoïdes, angines suppurées
à répétition, stomatites, amygdalites lacunaires, pharyngite atrophique.

Nez. — Coryzas chroniques, rhinites hypertrophique
et atrophique, rhino et pharyngo-salpyngite.

Larynx. — Laryngite chronique simple, laryngite à

répétition, laryngite striduleuse, spasme de la glotte, troubles fonctionnels du larynx.

Oreille. — Otites, otite moyenne, troubles fonctionnels de l'oreille liés aux catarrhes et à l'inflammation des trompes ou aux affections du nez.

Peau. — Eczéma séborrhéique, acné et séborrhée de la face, eczéma, impetigo, blépharo-conjonctivites et blépharites chroniques, accidents secondaires de la syphilis.

Vagin et utérus. —— Leucorrhée, métrite chronique, métrite du col.

Contre-indications

a) *Formelles.* — Les affections aiguës ou les périodes aiguës des maladies chroniques, surtout respiratoires ; les affections du cœur non compensées ou à la période d'asystolie, les affections des centres nerveux, le cancer, les néphrites, l'artério-sclérose avancée.

b) *Relatives.* — Les affections du foie et des reins, les lithiases hépatique et rénale, qui peuvent être réveillées par l'usage de la boisson sous forme de coliques néphrétiques ou hépatiques, les affections de l'estomac ou de l'intestin. L'âge un peu avancé recommande la modération.

Hygiène

Service de désinfection des plus complets ; grande étuve de Vaillard et Besson à 120° et sous pression, pouvant contenir toute la literie et où passe tout le linge employé. Autoclave au formo-chlorol, système Trillat, pour désinfection à domicile. Tout à l'égout naturel par le déversement des eaux usées, d'arrosages, ménagères et des fosses d'aisances dans le torrent du Bréda, à courant très rapide, situé en aval de la station.

L'eau d'alimentation est captée en amont d'Allevard, dans le torrent du Veyton, venant des glaciers d'une région privée de toute habitation et amenée dans des conduits métalliques complètement étanches ; elle présente les garanties d'asepsie exigées par la science moderne : vive et limpide. La lumière électrique est employée partout depuis vingt ans.

Un bureau municipal d'hygiène existe et fonctionne sous la direction du Dr Niepce (Alexandre). L'inspection de toutes les denrées alimentaires se pratique d'une façon rigoureusement régulière.

Voies d'accès

Allevard (Isère, arrondissement de Grenoble), à 10 heures de Paris, P.-L.-M. (via Dijon-Saint-Amour) ; à 3 h. 1/2 de Lyon ; à 8 heures de Marseille.

Service automobile reliant directement Chambéry à Allevard, desservant le Savoie-Express et les trains de luxe Paris-Rome.

Splendid-Hôtel
inauguré en 1912

Issoudun. — Imprimerie GAIGNAULT, 15, rue Victor-Hugo.